PHYSIOLOGIE

DE LA

FEMME HONNÊTE,

PAR CHARLES MARCHAL.

Auteur de *Quatre mois en mer*, des *Nuits espagnoles*, etc.

Dessins par Gavarni, Daumier, H. Monnier et Traviès.

PARIS,

DUET, ÉDITEUR,   LACHAPELLE, ÉDITEUR,
DE L'ODÉON, 4.   RUE SAINT-JACQUES, 38

T 6

CHEZ LACHAPELLE, ÉDITEUR,

Rue Saint-Jacques, 38.

(Pour paraître successivement tous les 15 jours, à partir de fin octobre.)

—o-oooo-o-⊃⊙⊂-o-oooo-o—

MÉDERIC, roman intime, par Charles Marchal, auteur des *Nuits espagnoles*, 2 vol. in-8.

LE PEINTRE BRETON, par Ch. Marchal, 2 vol. in-8.

LA PRINCESSE SOBIESKI, ou l'amour dans le grand monde, roman historique, par la comtesse O. D., auteur des Mémoires de Louis XVIII, 2 vol. in-8.

LA DUCHESSE DE GRAMMONT, ou une intrigue de cour, roman historique du même auteur, 2 vol. in-8.

MADEMOISELLE DE VALOIS, ou le fils du masque de fer, roman historique, par l'auteur des Mémoires de madame Dubary, 2 vol. in-8.

LA DUCHESSE DE MÉDINA CÉLI, ou les deux moines dominicains, roman historique, par le baron de la Mothe-Langon, 2 vol. in-8.

LE LORD BOHEMIEN, roman nouveau, par Alfred des Sessarts, 2 vol. in-8.

L'AMI DE LA MAISON, roman nouveau, par M. Perrin, 2 vol. in-8.

LE PAVILLON DE M. DE BENSERADE, roman historique, par Amédée de Bast, 2 vol. in-8.

SCARAMOUCHE, roman historique du même auteur, 2 vol. in-8.

Aucun de ces romans n'a paru ni ne paraîtra en feuilletons, la propriété appartenant à l'éditeur.

PHYSIOLOGIE

DE LA FEMME HONNÊTE.

IMPRIMERIES DE PECQUEREAU ET COMPAGNIE,
58, rue de la Harpe.

PHYSIOLOGIE

DE LA

FEMME HONNÊTE.

PAR CHARLES MARCHAL.

A. Lou

Dessiné par Gavarni, Daumier, H. Monnier, Traviès et Hippolyte Boillot.

PARIS.

LACHAPELLE, LIBRAIRE, RUE SAINT-JACQUES, 38.
FIQUET, ÉDITEUR, GALERIE DE L'ODÉON, 4.
1841

PRÉFACE.

l faut commencer! C'est le plus sûr moyen d'avoir plus tôt fini. — Lisez ou ne lisez pas cette préface, — peu m'importe! J'ai cru de mon devoir de la faire, afin d'expliquer mon but.

Car c'est chose grave d'oser écrire, dans ce siècle de fer,

— ces deux mots suaves et terribles qui semblent impossibles et former une fiction :

FEMME HONNÊTE !

Ceci n'est point une œuvre légère et purement fantastique, pour l'esprit de laquelle on sacrifie l'ame et la raison. —

C'est un petit livre sérieux. —

Si vous ne vous sentez pas la force de le lire, — arrière donc ! — j'ai bien eu le courage de le faire !

Si vous vous attendiez à rire et à entendre railler, — arrière encore ! — il est des instans où c'est un crime de jouer avec les choses sérieuses. —

Je commence donc par vous avouer, — lecteurs, — que je dédaigne bien franchement l'opinion du public, qui, pour l'ordinaire, n'est composé que d'imbéciles ; — et cela non que j'aie foi en moi, mais parce que telle est ma conviction. ⸺

Et cette conviction irrévocable me rend tout triste, — c'est pour moi une peine qui n'a qu'une compensation, à savoir, celle d'être lu par quelques ames en dehors du vulgaire.

Et il y en a heureusement un certain nombre, dans ce siècle éclairé, — tellement éclairé, que les boutiquiers sont de meilleurs gardes nationaux que les hommes d'intelligence.

Oui, notre monde acquiert de jour en jour; — c'est pourquoi nous saluons à toute heure de nouvelles croyances et de nouvelles amours.

Voici un livre nouveau, et c'est là son seul mérite, — bien petit mérite, n'est-il pas vrai?.....

Daignez le lire, — je vous prie, — puisque j'ai daigné l'écrire.

Ayez ce courage ; — je ne fus dévoré en l'écrivant que du désir de montrer à vos yeux avides des maladies connues de l'ame. — Tout, dans cette physiologie, est vrai et possible ; — elle brille d'une vie toujours agitée, tantôt pâle et décolorée comme le feu sombre et minable du pauvre, tantôt parée et luxueuse comme la maîtresse du riche.

Et maintenant il ne me reste plus qu'à commencer, tout en déplorant la bizarrerie du destin qui me force à écrire ces lignes, et qui vous engage à les lire, — au lieu de vous laisser aller à ces longues rêveries si remplies de charme.

I

QU'EST-CE QU'UNE FEMME HONNÊTE ?

— C'est la femme qui sait le plus noblement aimer. —

Car le mot *honnête*, qui, dans la bouche de
certains jeunes gens médiocrement élevés,
attire après soi ou une idée de raillerie ou
une idée de bêtise, signifie, dans d'autres
cœurs, — la femme vraiment femme, — ai-
mante comme il faut qu'elle le soit, —

— Sensible aux belles choses ,

— Remplie d'abnégation, de passion, de sentiment, — souvent romanesque, souvent déçue et trompée, — toujours imposante et digne, — même dans sa défaite. —

La femme honnête est celle qui dépense le plus noblement ses facultés, —

— C'est la femme sainte et pieuse, — dont le parfum verse dans l'ame un océan de tendresse mêlé de respect. —

Les femmes honnêtes sont les femmes simples.

II

CAUSES ET VARIÉTÉS.

Différentes causes rendent une femme honnête, — et il y a plusieurs manières d'être
honnête. —

Une femme est honnête,

Par grandeur domestique,

Par vertu,

Par tempérament,

Par crétinisme,

Par vieillesse,

Par dévotion,

Par manque d'occasions,

Par peur,

Par justice,

Enfin il y a la femme honnête à cause même de son amour.

Nous passerons en revue ces différentes péripéties. —

Comme partout, dans l'espèce il y a plusieurs variétés. —

Maintenant, — empressons-nous de le déclarer, — si la vie privée influe de beaucoup sur l'honnêteté de la femme, — une femme peut être honnête et avoir un amant. —

Qu'on ne croie pas que ceci soit une concession que nous faisons aux préjugés de notre époque, ou aux vices de la jeunesse. — Au contraire, nous avions envie de mettre en épigraphe les mots suivants, afin que des empies ne franchissent pas le seuil de cette œuvre :

LES JEUNES GENS N'ENTRENT POINT ICI.

Nous y avons renoncé, — pensant avec raison, sans doute, — que ce serait un motif de
plus pour être spécialement lu par les *jeunes-
france.* —

Quoi qu'ils en disent, — nous continuerons
notre tâche ; — nous ne voulons pas réhabi-
liter la femme, — elle n'en a pas besoin, —
nous voulons lui dire :

— « Ceci est grand ! —

— « Ceci est blâmable ! » —

Nous avouerons qu'elle sait mieux aimer
que nous. —

Il est convenable de diviser ceci en deux
parties bien distinctes. —

— La femme honnête de Paris, —

— Et la femme honnête de province. —

— Nous dirons aussi un mot de la femme qui ne fait que passer pour honnête.

III

OU L'AUTEUR RÉTROGRADE SUR SES PAS; GÉNÉRALITÉ.

n homme qui n'est pas honnête, — c'est celui qui, passant sa vie à parler, par exemple, en faveur des nègres, — conduit lui-même sa fille dans les bras d'un vieil homme perfide et débauché, auquel il l'a mariée malgré elle, —

Elle tremble, elle est baignée de pleurs, la pauvre enfant, — sa pudeur s'alarme, — d'autant qu'elle aime son petit-cousin Arthur.

(Tous les petits-cousins doivent nécessairement s'appeler Arthur.)

Le père la prie, l'encourage, il lui enlève le voile de l'innocence.

Puis vient sa mère qui lui dit en deux mots *ce qu'il en est.*

Tout cela est infâme et vil, — le mari peut se permettre d'étranges licences avec cette victime.

Il est vrai qu'une écharpe tricolore leur a dit :

— Vivez et souffrez ensemble, selon la volonté de Dieu !

Certes, je suppose à ce dernier trop de bon sens pour être de quelque chose dans ces trafics honteux. —

Sacrifiée, cette femme n'aimera pas son mari, — et préfèrera son cousin Arthur, d'autant qu'elle appartient à un autre.

Oui, Messieurs les moralistes, elle trompera son mari. Voulez-vous donc qu'elle

ferme son cœur à toute volupté, parce qu'elle
a un mari vieux et laid ?...

Qu'elle aime son cousin ! —

Le monde ne lui saurait pas gré de sa continence; — qu'elle aime! Dieu le veut.

Qu'elle ne s'afflige pas! qu'elle vive gaiment; qu'elle ne joue pas avec la passion, et qu'elle soit toujours chaste, même en cédant!

Alors elle sera forte et sainte, — on s'agenouillera devant elle. —

Ah! la pauvre femme a bien à souffrir! — son ame a froid, — parce qu'elle est fiancée à un homme qu'elle n'aime pas. —

L'indifférence entraine le dégoût; savez-vous un supplice comparable au sien; — je ne le souhaiterais pas à mon meilleur ennemi. —

Voilà une des plus grandes des déceptions que les femmes éprouvent en mettant le pied sur les premières marches de la vie positive. Où est la réalisation des merveilleux romans qu'elle a rêvés?

Faut-il donc qu'elle vive sans amour, comme ces pauvres marins des contes de bord,

risqués depuis plus de mille ans sur le *Vais-
seau-Fantôme?*

Et peut-elle vivre sans aimer?

Que fera-t-elle de sa jeunesse, de sa beauté, de son ame qui vibre si bien?

Mais vous voulez qu'elle meure, hommes fous et décents en paroles, qui lui niez le droit d'avoir un amant dans l'alcôve conjugale. — Hommes insensés et gorgés de préjugés et d'utopies, — vous répandez dans le vide le parfum de ses épaules et de sa chevelure!

Où sont ses joies naïves et calmes, — pures dans le silence? — Voyez, ses regards languissent,— ô vieillard qui pour mourir as besoin d'une enfant sage et belle, — tu as profané ce temple d'amour, — tu as gaspillé ses splendeurs divines.

Elle n'aime plus rien, parce que ce vieux mari l'aime. — Il l'a absorbée, dévorée, violée. Il se l'est donnée, le vieux monstre. —

En vérité, il l'a volée au petit-cousin Arthur, auquel elle appartenait par droit de nature et de sympathie.

Mais elle ne croupira pas avec son mari,

— elle le trompera, ce sera justice, — elle aura un amant, — elle ne mourra pas ; —

Et elle sera agréable au ciel.

O femmes victimes et sacrifiées, — qui vous a faites si pauvres, — ô pauvres femmes !

Aimez, aimez, — et soyez consolées par vos fautes mêmes. —

Le monde dénature et corrompt les femmes. — Elles ont besoin de bonheur, — c'est alors qu'on leur présente un Monsieur laid ou beau, fat ou bête, infirme ou dispos, inconnu souvent, — ce Monsieur s'appellera son mari. —

Il l'admire d'un œil cupide, — le marché est conclu entre vendeur et acheteur, — l'argent est versé, —

Elle pleure. — Puis elle se fane, — car elle cachait un roman dans son cœur. —

Son mari la mène dans le monde ; — là elle rencontre des messieurs fort bien vêtus d'habits noirs, de chaussures irréprochables et de gants frais. — Ils sont ardents, — ils l'admirent, — ils la flattent, lui font la cour, — elle

croit parce qu'elle est belle et naïve, — elle
se livre, — elle palpite, elle cède, — on la
déshonore ! — Alors elle est trompée.

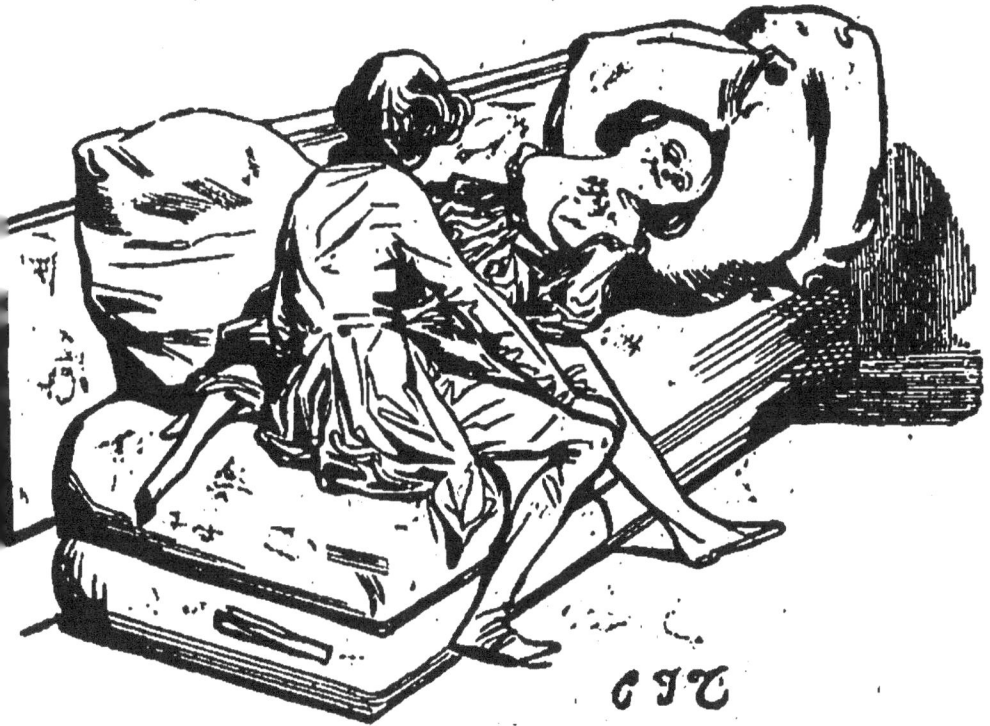

Et elle pleure encore, ô pauvre femme !
Elle prend un autre amant, puis deux,
trois, quatre, —

Elle rend la pareille. Si alors il se présente un homme vraiment noble, — elle le repoussera assurément.

Elle s'entoure de bruit et d'élégance, elle apprend à jouir, — mais elle ne sait plus aimer.

Et elle s'écrie que l'amour n'existe pas. C'est pourquoi elle fait traîner le berceau de ses mioches par son mari,

qui passe à l'état de bonne d'enfants.

La femme honnête, au contraire, — c'est celle qui, — vendue à un homme qu'elle déteste, — a le courage de lui cacher un amour étranger, et qui sait aimer son amant éternellement. —

C'est la femme qui n'a dans sa vie qu'un amour, — mais violent et terrible; qui sait vaincre et lutter, — une passion unique, une religion enfin !

Aimer, c'est dépenser bien son intelligence, —

C'est posséder le génie de l'adoration.

C'est marcher hautement dans la vie, avec le but sacré d'entourer de soins le cœur qui est à nous, —
C'est se donner corps et ame, —

C'est se regarder en tremblant, —

C'est être discret et sincère, —

C'est ne pas se tromper.

Mais, hélas! combien peu y a-t-il de femmes honnêtes ?...

Car

L'amour c'est ce qui nous fait beau et sublime; — l'amour nous inonde de rayons, — il rapproche de Dieu par la tendresse.

Quand un amant a reçu un aveu, — il est plus qu'un homme. Il vit dans des illusions magnifiques. Il est fier, et s'écrie :

— Qu'elle compte sur mon respect comme ange, sur mon cœur comme femme!

Amour, amour, et vous que j'aime tant, — Madame, — soyez bénis deux fois!

IV

PAR GRANDEUR DOMESTIQUE.

ne femme qui ré-
sume ce type-là
est la plus belle
des créatures, —
la plus voisine de
Dieu. —

La femme qui
est honnête par
suite de la gran-
deur de son ame est celle qui se nourrit de
'amour du ciel. — Qui est possédée d'une

3

passion soumise, esclave, respectueuse. —

Car l'amour du ciel, c'est l'amour qui sait attendre, — c'est l'amour qui fait venir l'ame sur les lèvres qui baisent le front pur et les cheveux embaumés d'une tête chérie. —

Cette femme dont nous parlons, — et que nous avons mise en première ligne, — est souvent brisée, décolorée, amaigrie par le dévoûment et les privations. — Elle sait s'immoler gaîment pour le bonheur de la créature à laquelle elle sacrifie tout, — elle comprend la passion sur des proportions gigantesques.

Mais cet amour devient plus rare de jour en jour.

Malheur donc aux ames fragiles et crédules! Malheur aux jeunes gens pleins d'espérances! Malheur à celui qui rêve une femme fidèle! —

Car ils trouveront des femmes de chair, fières, capricieuses, faciles à posséder.

Voilà ce qui fait le mérite sublime des quelques femmes honnêtes qui restent ici-bas, — femmes vraiment dévouées et intelligentes. —

Mais par combien d'amours vulgaires et charnels faut-il passer pour rencontrer cet amour unique et sans défaut, — cette passion céleste et voilée?

Ah! n'appelons pas *honnéte* la femme qui aime deux ans un homme et deux jours un autre.

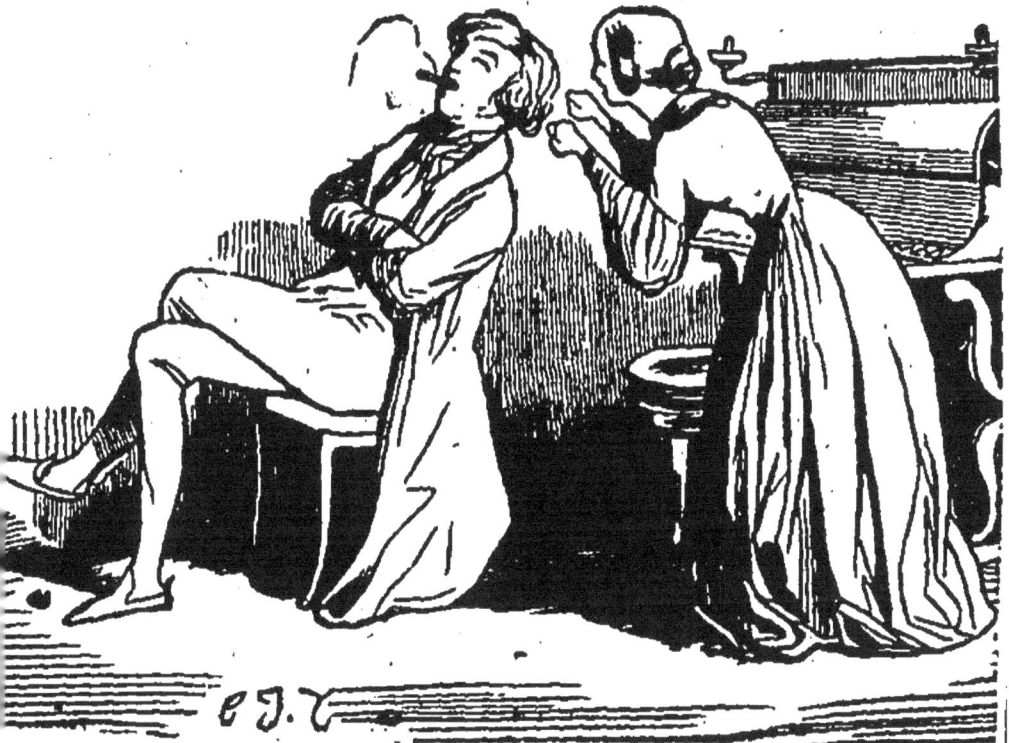

Non ! — la femme honnête est celle qui n'aime qu'une fois sans vanité, sans argent, sans orgueil, —

De même que le galant homme n'est pas l'homme au visage ovale, au nez aquilin, aux traits réguliers et aux cheveux soigneusement bouclés à la manière des enfants de chœur, qui offre volontiers son bras, —

Le galant homme est l'amoureux modeste et empressé, prévenant, sincère, discret, qui cherche à cacher son amour, au lieu d'en faire sottement parade. —

C'est l'homme à genoux, muet, en adoration.

C'est l'homme brave qui sentira une chaleur étrange lui brûler la poitrine, quand un autre regardera la femme qu'il aime.

Aussi l'homme qui sera béni au ciel n'est pas celui qui a tenu dans ses bras le plus grand nombre de femmes robustes et avides de plaisir. — Celui-là sera sans souvenirs; — ces femmes elles-mêmes auront été trop souvent possédées, — et n'auront jamais aimé.

L'homme chéri de Dieu sera l'amant simple et sans orgueil, que les gens du monde auront traité d'insensé, — que les femmes auront raillé. Ce sera celui qui sanglotte aux pieds de l'unique femme qu'il aime; qui, lorsqu'il baise ses lèvres, lui fait mille serments d'amour vrais et durables, et sent l'infini lui entrer dans le cœur.....

PAR VERTU.

Ah! ceci est une question délicate! Je doute fort qu'il y ait un grand nombre de femmes honnêtes par pure vertu. —

Cependant comme la chose pourrait arriver, — j'aimerais mieux me tuer, me pendre, me mettre une pierre au cou, me brûler les moustaches, ou n'importe quoi, — que d'omettre la moindre variété dans cette belle espèce connue sous le nom de *femme honnête*.

Celle qui pousse la vertu à ce point — doit avoir peu de mérite à être sage. —

Ce doit être une jeune fille, — parfaitement innocente, — ne faisant rien de mal.

parce qu'elle ignore la volupté qu'il procure,
— vierge de tout contact, — fleur à peine
éclose sur la route humaine, — que pas un
voyageur n'a osé cueillir ni toucher, —

Et qui tombera peut-être en partage à quelque main brutale et grossière. —

VI

PAR TEMPÉRAMENT.

Oui ! celle-là est une triste femme, — heureusement rare. — C'est une *Fœdora*, — une femme sans ame; — affreuse misère ! — elle ne sent pas.

C'est la contre-partie froide et ridicule des femmes passionnées. — Que faire, — ô mon Dieu, — sur la terre et même au ciel, — sans cœur, sans sensations, sans poésie ? —

Elle est indifférente à tout, — elle n'aime rien, — et pourtant elle raille, — pauvre insensée !

O femme, pourquoi donc êtes-vous belle alors, — pourquoi l'amour semble-t-il se balancer coquettement à votre cou, comme un médaillon céleste?... Aimeriez-vous ce vieil homme ?

Et vous résistez, — vous ne pouvez aimer; — toutes les séductions tombent devant votre froideur implacable!

A quoi rêvez-vous donc dans les belles et tièdes nuits d'été, si vous ne sentez pas la poésie et un océan de tendresse vous entrer dans le cœur?...

Ne savez-vous ni frémir, ni pleurer, ni vibrer comme un clavier? — les drames ne vous inondent-ils pas de douleur et d'émotions?

Jeune femme recueillie et rêveuse, — empresse-toi d'aimer, — si tu ne veux pas mourir comme Ophélia, — cette fille charmante du vieux William, — que le fleuve entraînait dans ses eaux au milieu des algues et des nénufars.

Mon Dieu! vous ne m'entendez pas, — puisque vous ne frissonnez pas au souffle divin de l'amour.

Et ne pouvez-vous ni être émue ni lire de beaux vers? N'auriez-vous ni douces pensées ni paroles enivrantes?

Alors, pourquoi êtes-vous belle, pourquoi vos mains sont-elles si pures, votre gorge si ronde et si fraîche, vos épaules si satinées? — pourquoi vos yeux sont-ils si doux, votre regard si jeune et si beau?

Perfide, — vous ne savez tenir aucune de vos promesses ! —

Ah ! je vous en conjure, si, dans un moment d'oubli, — vous avez promis une boucle de vos cheveux noirs à l'homme qui se meurt d'amour pour votre visage calme et doux, pour votre ame noble et pure, — donnez, donnez, Madame.

Cela vous coûtera bien peu ! Il sera si heureux, — et discret, — j'en suis sûr ! —

Il la gardera toute sa vie, — il usera ses lèvres sur le satin de ce précieux cadeau, — il pleurera de joie, — et, l'ame brûlée, il s'agenouillera devant Dieu en criant : — Merci !

Voyez où entraîne votre amour ? —

Qui pourrait dire ce que vaut un seul des cheveux de votre tête !

Je ne lui demanderai pas comment il vous a connue, à cet amant fidèle et malheureux, — son amour est venu, un jour, en vous voyant sur son chemin

Il vous aima de suite. —

Tout en nous l'enivra, — les grappes brunes de vos cheveux flottants, votre sein voluptueux, et vos beaux sourcils noirs.

Ne soyez donc pas coquette, — et tâchez de l'aimer. Montrez-vous pitoyable et noble femme.

Enlacez-vous à lui. —

Aimez-le comme un être qui souffre, comme
une pauvre fleur brûlée par vos rayons, —
comme un enfant qui n'a rien sous les cieux
que son ame.

Aimez-le en dépit de vous-même; —

Car sur un regard de vous il provoquerait
l'Univers.

Les femmes préfèrent, il est vrai, souvent
les démons aux anges.

O Madame, soyez charitable, — et allez

avec votre amant vous coucher sur l'herbe
verte.

VII

*

PAR CRÉTINISME.

Cette femme-là est honnête, si l'on veut, — forcée à une abstinence dont elle ne souffre plus par sa manière de vivre. —

4

On n'arrive pas de suite à l'état malheureux de crétin. Il faut passer par une longue
et imperceptible filière de déceptions et de
bassesses. —

Cette femme a encore des passions ; — elle

trouverait des amants dans la jeunesse pari-
sienne, si souvent au dépourvu ! mais elle
n'en veut pas. — Excès de crétinisme ! —

Cette vieille fille ou cette vieille veuve s'est
jetée, il est vrai, dans les chiens, — hon-
teuse et pauvre compensation !

C'est le type de la femme tatillon, maus-
sade, faisant les cartes, se servant des cors
de ses gros pieds comme d'un baromètre, —
bavarde, cancanière, jalouse. —

Ce type a horreur des jolies femmes, —

Les crétines se posent en femmes vertueu-
ses et irréprochables.—

Les portières sont sujettes à cette maladie
morale. —

A moins que ces portières ne soient ma-
riées, ou qu'elles n'aient des rapports intimes

avec quelque marchand d'habits, — ce qui arrive fréquemment.

La crétine est donc *honnête*, aux yeux du monde. — Cette espèce végète et meure dans les basses classes de la société, — quoiqu'on la rencontre ailleurs. — Les soins du ménage n'ont pas peu contribué à appauvrir son intelligence, — déjà médiocre.

Chaque jour sa bêtise architecturale se fait plus imposante, plus gigantesque. — Ses proportions deviennent incommensurables. —

Aussi, plus elle avance en âge, et plus elle méprise le patient qui a le front de pleurer en lui faisant la cour. Homme à plaindre, — et très blâmable !

O crétinisme, partage des invalides, tu es
l'orgueil des imbéciles.

Dieu soit loué, ces honnêtetés-là ne valent
pas cher !

VIII

PAR VIEILLESSE.

Respect aux vieillards ! —

Hélas ! les plus belles choses passent, les fleurs sa fanent, — les femmes et les amours sont comme les fleurs. — Voyez plutôt!

Nous nous fanons tous, —

Les pauvres vieillissent,

Les négociants de la mort aux rats n'échappent pas non plus à ses rigueurs.

Que voulez-vous ? Mourir, c'est le but de

la vie. — Mourir! c'est tout ce qui vit, tout ce qui sent, tout ce qui aime, tout ce qui palpite.

Dépêchons-nous donc d'aimer et de jouir des quelques lueurs de bonheur que le destin nous accorde !

IX

PAR DÉVOTION.

Ceci se présente sous deux points de vue bien dissemblables.

1° — Par dévotion véritable.

2° — Par fausse dévotion.

Comme cette dernière distinction rentre dans le crétinisme, nous nous abstiendrons d'en rien dire ici. — Nous avons seulement voulu prouver que rien n'échappe à notre sagacité. —

Or, — une femme qui reste honnête par dévotion est une pure et sainte créature. —

Ceci est le plus rare des exemples. —

Mais comme nous n'entendons pas par *honnête* une femme qui n'a pas d'amant, — nous nous empressons de déclarer que, quoique imbues de principes religieux, — ces créatures ont quelquefois des vices laids et hideux qui, à nos yeux, les empêchent d'être absolument honnêtes. —

Elles sont, par exemple, remplies de désirs mal assouvis, de petites passions, de jalousies mesquines; — elle sont tyranniques, menteuses, emportées dans l'ombre. —

Ne vaudrait-il pas mieux aimer à la face du ciel, que de pécher mille fois par la pensée?.....

X

PAR MANQUE D'OCCASIONS.

TYPE DE LA PROVINCE.

C'est de la province que nous viennent les femmes les plus dignes d'être aimées.

Plusieurs poètes de premier talent ont fait des études sérieuses sur ces caractères.

5

Leur existence paraît tranquille et sans tumulte, sans passion, tandis qu'en secret elles sont aussi passionnées, aussi exaltées, quoique plus contraintes. —

Leurs passions magnifiques trouvent à peine l'occasion d'exercer leur puissance.

Et pourtant, là souvent il existe des mystères dans le silence, des poésies cachées, des drames obscurs et palpitants, qui gisent moins dans l'action que dans la pensée.

Souvent la jeune femme est donc honnête en province par manque d'occasions.

Non loin de Paris, dans une toute petite ville, aux bords de la Seine, j'en sais une qui, soit pour cette raison, soit pour tout autre motif, avait traversé pure plusieurs années de mariage.

L'occasion vint; elle combattit longtemps, mais succomba.

Pauvre *Ange!* il te sera beaucoup pardonné, car tu as beaucoup aimé.

Loin de toi, je te bénis.

Elle devient mesquine au milieu de la monotonie de ces mœurs et de ces vieillards.

C'est au milieu de ce type, pris à sa nais-

sance, que des peintres trouveraient d'angé-
liques créatures, —

C'est là que sont les fleurs les plus pures, —

Quoique les plus penchées, —

Les ames les plus ardentes, — quoique cachées dans de fraîches solitudes. —

Mais là aussi la femme vraiment supérieure
a beaucoup à souffrir et des oripeaux dont sa
mère l'affuble, et des mille jalousies vindica-
tives que soulèvent sa beauté, ses qualités ou
l'élévation de son intelligence.

Car là elle n'est pas comprise, — là elle
n'est pas jugée, pas appréciée.

Les femmes heureuses en province sont les villageoises.

Celles-là doivent se résoudre à épouser un garçon de ferme,

Ou le maître d'école,

Ou le garde-champêtre,

Ou enfin leur petit-cousin Nicolas.

· . L'occasion manque donc à la femme distin-
guée , — elle reste honnête.

Respectons-la ! — ne touchons pas à son ame lassée ! car elle a souffert, — il lui a fallu descendre jusqu'aux mesquines proportions de cette vie remplie de minuties; de formes choquantes et grossières.

Qu'elle vienne à Paris, — pour ne pas mourir comme ces brillants feux-folets qui passent parfois dans nos rêves, et que nous voyons aussi en réalité, par une belle nuit d'automne, danser fantastiquement dans le ciel.

XI

PAR PEUR.

Je connais telles et telles femmes affublées
de vieux maris, — non seulement vieux, mais

encore laids, mais encore bêtes. —

Ces maris ont su persuader à ces femmes
crédules qu'ils étaient très dangereux lorsqu'ils se mettaient en colère. — Il faut les re-
tenir ou ils vont commettre quelque grand

malheur qu'ils auront à déplorer ensuite !

Ce mari, fort lâche quelquefois, prétend
avoir laissé pour morts sur le terrain plusieurs
de ses amis les plus intimes.

Sa colère est excessivement à craindre.

— Vois-tu, Shapeliska, dit-il à sa femme en la regardant d'une façon enflammée, je pulvériserais l'insensé qui oserait lever les yeux sur toi, de manière à offenser ma dignité.

La femme croit, — et reste honnête par crainte de voir ce terrible vieillard joncher les endroits les plus fréquentés des cadavres défigurés de ses rivaux malheureux. —

. Ce mari-là a aussi recours à la loi, il aime les scandales, les procès, et a le tort impardonnable d'avoir un avocat.

XII

A madame V*******.

SOUVENIRS D'UN DE MES AMIS.

CHAPITRE QUI N'EST PAS DE MOI.

O ma *Bien-aimée*, tu es sainte entre toutes les femmes ; tu es celle que Dieu a choisie pour m'apprendre qu'il est encore sur cette terre quelque amour, quelque bonheur.

Sois bénie entre toutes, ô mon *Ange*, ô ma *Bien-aimée* !

Si parfois, cédant trop facilement aux terreurs de mon imagination trop prompte et trop habile à se créer des tourments, je fus injuste et méchant, tu sus toujours faire la part de mon cœur pour n'accuser de ces torts que mon cerveau brûlé.

Aimer, prier et pardonner, telle est la mission de la femme, mission noble et grande qui fait du petit nombre de celles qui la comprennent des anges sur cette terre de douleur et de chagrin.

Qui mieux que toi sut aimer? qui mieux que toi sut consoler et pardonner?

Tu es mon Ange, tu es ma vie.

Mais si le monde savait notre amour, il le blâmerait.

S'il savait que tu m'aimas du jour où tu me vis, il crierait au scandale.

Oh ! le monde ! — il est si moral, le monde !

Il accuse, il condamne, il refuse d'entendre.

Je le maudis.

Non, ce n'est pas du premier jour où tu me vis que tu m'aimas ; — longtemps avant tu me connaissais déjà : — tu m'avais vu dans tes rêves de jeune fille, dans tes rêves d'épouse, et maintenant encore, toutes tes pensées sont à moi, à moi seul, — toutes et toujours au pauvre exilé, — exilé par toi pourtant.

Et sur la terre d'exil je te bénis.

Mais les hommes, qui blâment aujourd'hui ce qu'ils on fait hier, qui réprouveront demain ce qu'ils font aujourd'hui ; —

Mais les femmes, qui toutes ont besoin d'indulgence, les femmes de ta petite ville, tes compagnes et tes amies, elles aussi, elles seraient sans pitié, — sans pitié pour leur sœur, victime comme elles des préjugés et des lois imposées par l'homme seul à celle qui devrait marcher avec lui sur le pied de l'égalité, avoir les mêmes droits, les mêmes prérogatives.

Hommes et femmes, je vous maudis tous.

Toi seule es ma *Bien-aimée*, toi seule es mon *Ange*.

Je te bénis.

Que ne puis-je dire à ces méchants tout ce que nous avons souffert, tout ce que nous souffrons encore?

Que ne puis-je leur dire tes vertus, tes combats continuels ! ton dévoûment, ton courage et ta résignation.

Comment ne garderais-je pas toute ma vie le souvenir de ton noble cœur?

Avec quelle bonté tu m'accueillis, moi triste et désolé.

Que ton regard fut doux lorsqu'il s'abaissa jusqu'à moi!

Combien plus douce encore fut ta voix lorsqu'elle me dit je t'aime.

Pendant trois ans, peines, plaisirs et travaux, tout fut commun entre nous. Toute ma vie je garderai le souvenir de ces instants de repos où nous mettions toute notre joie à nous regarder, la main de l'un dans celle de l'autre. Nous ne cherchions pas ainsi l'aveu de sentiments bien connus et bien partagés, mais nous parlions de tendresse.

Si parfois, alors, enivrée par cette contemplation muette, pliant sous le bonheur et le cœur brûlé du feu de mes regards, tu fus amenée à crier merci, c'est que mon ame avait passé dans mes yeux, c'est qu'ils t'avaient dit toutes mes pensées, tout mon bonheur, tout mon amour.

Mais pourquoi craindrais-tu les hommes ?
Qu'as-tu à redouter de leur jugement ?
Par ton amour même n'es-tu pas au dessus d'eux ?
Mais ton mari ! diront-ils.
Qu'importe ton mari ?

Orgueilleux et vain, parce qu'il a le génie de l'intrigue, il se croit un César.

Il a de son propre mérite une idée si haute, que, retranché derrière ce rempart, il vit tranquille, persuadé qu'on n'oserait point le tromper.

L'insensé !

Par suite de la trop bonne opinion qu'il a de lui-même, il se croit tout permis.

Il t'abandonne la moitié du temps, te néglige, te méprise même.

Tes soins et ta tendresse, il les reçoit comme obligations, comme choses dues.

Si tu lui parlais d'amour, il te croirait folle.

Ta tendresse maternelle, il la tourne en ridicule.

Il a honte de ta famille, parce qu'elle est pauvre.

L'insensé !

Mais quelle est donc la sienne ?
Quel est son nom ?

T'a-t-il montré ses parchemins?

Peut-il, comme toi, montrer les états de service de son père?

L'insensé !

Où croit-il te mener avec sa présomption?

Quel avenir promettent à tes chers enfants et son ambition folle, coupable même, et sa morgue ?

Pauvres enfants que j'aime tant, aimez et respectez toujours votre mère, car elle vous aime, car vous seuls êtes sa joie et sa consolation, toute sa gloire, tout son bonheur.

Et toi, fille d'un pauvre et brave militaire, je te plains et t'admire.

Je te respecte comme j'aurais pu respecter ma mère, je t'aime comme j'aurais aimé une sœur, comme on aime Dieu, comme on aime sa maîtresse.

Si des jours malheureux te sont réservés, viens à moi avec confiance; viens avec tes chers enfants.

Sans amitié au delà de toi et des tiens, vous serez ma famille, tout mon bien, ma vie.

J'aurai du courage pour toi, pour eux, pour tous, pour lui aussi, car tu l'aimes; oh! oui, tu l'aimes!

Tu as de lui mille soins, tu le défends contre ses ennemis, tu ne souffres pas qu'on parle mal de lui en ta présence.

Oh! tu es vraiment sainte et grande!

Sois bénie!

Eh bien! je tâcherai de l'aimer aussi.

Voyant s'approfondir chaque jour sous ses pas l'abîme dans lequel il t'entraîne, tu as pleuré dans mes bras, et je t'ai consolée.

Sois bénie, fille du ciel, et pour ton amour et pour tes vertus.

Le mariage est sans doute un pacte sacré, où chacun doit garder religieusement la foi jurée.

Mais si l'un des deux époux transgresse la loi, l'autre est délié de son serment, le contrat est rompu.

Chacun redevient libre, car les droits sont les mêmes pour la femme que pour l'homme.

Telle est la loi humanitaire, telle est la volonté du Dieu fort et puissant.

Console-toi donc, fille de Sion!

Car ton mari t'a trahie, tu le sais, tu l'as vu.

Il t'a trahie dans ta propre maison.

Il a souillé le toit conjugal; il a rompu le premier l'anneau symbolique de foi et d'amour.

En te donnant à moi, tu n'as point failli, car tu étais libre.

Arrière donc, hommes méchants, qui cher-
chez le mal où il n'est point !

Arrière, femmes envieuses et jalouses, qui
voyez un amant chez votre voisine quand
il y en a deux chez vous !

Arrière, vous tous ; courbez vos fronts,
voici venir une femme honnête, pure et sainte
femme, ma maîtresse, mon *Ange*, ma *Bien-
aimée*. —

Victoire !

Car ce n'est point d'elle qu'il a été dit :

« *Que celui d'entre vous qui est sans péché lui jette la première pierre.* »

Aussi elle sera aimée et bénie entre toutes, et les nations la diront à jamais bien-heureuse.

XIII

PAR AMOUR.

C'est elle que j'aime !

Salut et à genoux! voici venir la femme sainte et sacrée! —

Celle-là est honnête ou parce qu'elle aime son mari, — ou parce qu'elle a toujours été fidèle à son amant.

Salut encore! courbons-nous devant elle! inclinons-nous! —

Voilà une femme passionnée, une femme d'amour! que lui font les préjugés, que lui fait le monde et son antique mari?

Prenez garde! ne commencez pas par me railler; refléchissez, — peut-être ce paradoxe touche-t-il de près nos plus chères affections! — Sachez-le, — mon épigraphe, c'est le mot:

AMOUR

J'écris au dessous:

BONHEUR.

Ah! — vous Madame que j'aime à genoux et pour qui mon cœur tremble, — vous êtes le type auquel j'ai consacré ce chapitre. — Car vous êtes la grandeur chez la femme.

Tu m'aimes, — regardons-nous donc avec ivresse. — Demeurons sans voix, — car nous sommes dans un de ces heureux moments où nos ames s'entretiennent dans un langage que nous comprenons seuls.

Dans ces instants de volupté, — les deux ames qui s'aiment s'unissent avec joie pour la vie de cette terre, — et pour l'éternité du ciel !

Voilà, — Madame, — le bonheur que vous m'avez fait rêver, — auquel vous m'avez fait croire. —

Mais, hélas! le temps emporte tout, — sans pitié, nos jours perdus et nos veilles, —

il emporte la vie avec la rapidité des démons
et des diables.

Tout passe, — les illusions et la jeunesse , —

.Mon amour seul sera éternel, — et votre
image ne sera jamais oubliée.

Aussi aimez-moi, afin que je ne m'écrie pas avec le poète italien :

« *Lasciate ogni speranza, voi che intrate!* »

— Laissez toute espérance , vous qui entrez !

Aimez-moi et prenez mon cœur, comme vous avez déjà tout pris,— mon repos, mon sommeil.

Car sur votre tête chérie se réunissent toutes mes joies, toutes mes affections, toutes mes espérances. —

Je suis en délire, — mon cœur brûle dans ma poitrine. —

XIV

RIDICULITÉS ET AFFECTATIONS DE CERTAINES FEMMES.

Maintenant que nous avons examiné la femme honnête sous son côté le moins défavorable, —

7

Il nous reste à la considérer sous le point de vue le plus divertissant.

Ce chapitre traitera de la femme qui passe pour honnête.

Et remarquez ici une importante différence entre le vrai et la copie, le faux et l'or pur.

Celle-là a de l'orgueil, et on l'aime ; — elle sait dissimuler avec autant d'aplomb et d'ardeur que les traîtres du boulevart.

Elle fait de perpétuels tours de force.

Elle aime surtout à danser avec les jeunes gens, — C'est son goût, sa passion, — son idéal.

Entre autres exercices, elle est fanatique de
la danse. —

Elle pince parfois de la guitare en société,
et a en particulier une foule de talents agréa-
bles que je saurai taire.

Oh ! ne laissez pas danser vos femmes,
messieurs les maris !

Rien n'est plus immoral, plus échauffant,
plus perfide que cet exercice folâtre.

Elle aime aussi trop les chiens.

Regardez-la suivie de quatre, et portant dans ses bras son favori, celui qui la rend parfois plus heureuse qu'elle ne le mérite.

Elle a pour amant un étudiant chez lequel
elle va fumer, dans la journée.

Mais le soir vous la rencontrez parée et respectable ; — tout le monde la regarde, — les mères âgées la donnent à leurs filles très mineures comme exemple de vertu.

O mères aveugles, — ce matin cette femme honnête faisait *la noce* et buvait du champagne en compagnie aussi nombreuse que peu choisie.

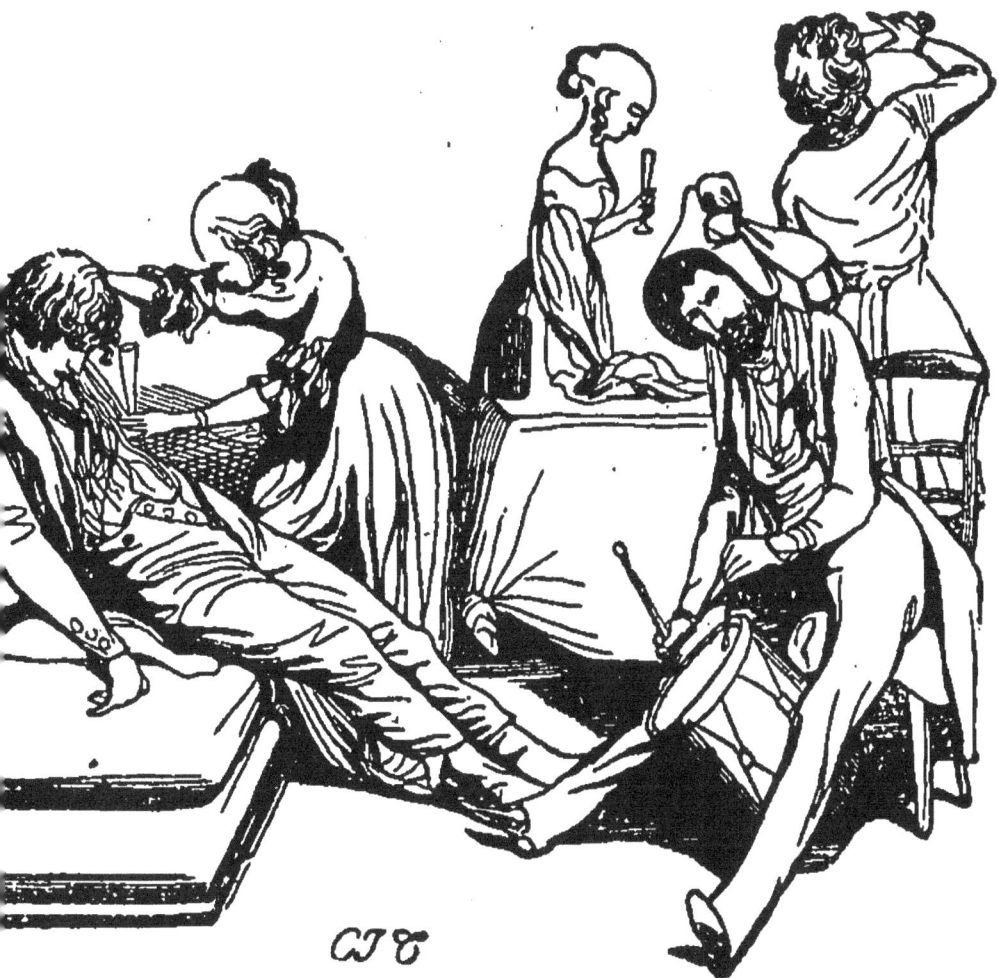

Croyez donc maintenant aux airs modestes
et penchés des femmes!

XV

OU L'ON PROUVE QUE LA FEMME EST AMIE
DE L'HOMME.

ET QUE L'HONNÊTETÉ N'EMPÊCHE PAS L'INDUSTRIE.

La femme aime l'homme, — nous nous dispenserons après tout de le prouver, — la chose étant aussi certaine qu'agréable.

Ce goût peu dépravé est entretenu par les jeunes gens, qui deviennent chaque jour de plus en plus Faublas. — Ces jeunes gens

ont la faiblesse de traiter la femme équivoque
de chameau,

ce qui est inconvenant.

La femme galante qui passe pour honnête se livre à une prodigeuse consommation de jeunes hommes ; —

Elle fait absolument le même métier que les autres, — mais elle a de l'apparence, de la tenue ; —

Elle représente ! —

Les concerts sont pris souvent par elle comme lieu de son *travail;* —

Ces concerts jouent un rôle peu vertueux, — nous dirons plus , fort immoral.

Elle semble modeste, — et a pris le parti de rougir à propos de toutes choses. —

M. le baron Dupin, le savant qui fait des cours pour les ouvriers de bonne volonté , — a observé judicieusement que ces sortes de créatures sont les plus à craindre. —

Ce célèbre savant ajoute que leur fin justifie médiocrement leurs pauvres moyens.

Nos lions ont la faiblesse de saluer ce genre de femmes.

Celle-là se laisse reconduire; — on peut même monter chez elle.

Elle mène une existence émaillée d'amour et de fines parties. — Elle boit bien, et fume comme les femmes de lettres.

O femme galante! mon ame se sent peu disposée à t'affectionner !

Et pourtant la femme galante, ô jeunesse!

— c'est ta vie, à toi, ton sang, ton plaisir de chaque nuit; — c'est la femme tombée, chassée du ciel, la victime dévouée que tu peux jeter et reprendre comme un jouet. —

O la pauvre femme! elle paie cher les plaisirs de sa jeunesse. — Et vous, mes amis, prenez garde d'acheter trop cher aussi celui qu'elle vous procure.

XVI

AMENDE HONORABLE.

AUX LECTRICES.

Je regrette, Mesdames, de ne pas avoir eu le loisir de faire mieux ressortir les qualités de la femme vraiment honnête.

Toutefois, j'espère poursuivre cette œuvre humanitaire et morale dans tous mes ouvrages, — quelle que soit leur nature.

Car la femme honnête c'est une fleur jetée parmi nous, c'est un parfum qui enivre, une voix qui fait trembler l'ame; — c'est un amour, c'est un drame, c'est une passion, c'est une poésie; — c'est une religion, une foi sincère, — enfin c'est une femme dans toute la noble acception du mot.

Car celle-là je l'aime et je la respecte, — d'autant que je ne suis pas de ces vieux libertins habitués à suivre dans la rue les grisettes agaçantes et à leur offrir leur parapluie.

C'est encore pour cette raison que je vous demande humblement pardon des choses qui auraient pu vous choquer dans ce petit livre. Veuillez croire que, pressé par une foule de raisons déchirantes et que je ne dis pas, j'ai écrit ceci au courant de la plume en une seule nuit. —

Il le fallait, — Mesdames, — j'avais après moi un journaliste, deux éditeurs, quatre volumes sous presse, trois imprimeurs, et huit épreuves à corriger par jour. — Il le fallait pour des raisons majeures et affligeantes que je me garde de vous révéler, afin de ne pas moiller vos beaux yeux.

Mais, dans le cas où cette excuse vous semblerait médiocre, et où vous vous refuseriez de vous en contenter, — comme il faut que toute chose ait sa compensation, — je vais vous donner quelques conseils, que je vous engage à lire attentivement.

CONSEILS AUX FEMMES.

Si votre mari vous mène au bal, et que vous ayez un amant, évitez de valser avec un étranger.

Je sais qu'en entrant dans la fête avec votre mari,

vous vous réjouissez par l'idée de danser
toute la nuit. —

Oui, vous vous promettez de danser, Madame, — mais sachez que rien n'est plus
lascif que cet exercice. Danser, — ô jeune
fille, c'est te sevrer de ta pudeur, — c'est
répandre tes faveurs et tes palpitations dans
le vide.

Cependant, Madame, dansez, j'y con-
sens, —

Dansez même le cancan, — danse de ca-
ractère, —

mais, — je vous en prie en grace, — ne valsez pas, —

Car vous fendriez le cœur de celui qui vous aime comme on aime Dieu, — à genoux ! —

Qu'un homme se permette, dans un salon, de prendre dans ses bras sa voisine, on le fera jeter à la porte par un laquais. —

Eh bien ! cette femme ne se fait aucun scrupule d'abandonner, pendant dix minutes, sa taille, ses épaules, sa main, presque son ame, au premier monsieur venu, qui aura acquis ainsi le droit de la tenir dans ses bras et de respirer le parfum de son écharpe et de ses cheveux, — tout cela au milieu d'un salon rempli de monde. —

En vérité, en vérité, une femme qui souffre de pareilles inconvenances ne peut, aux yeux d'un moraliste sincère, passer pour être vraiment pure et honnête.

C'est comme celle qui permet qu'on fume devant elle.

XVII

A MADAME ******.

Vous avez eu, Madame, la bonté d'entendre la lecture de ces quelques feuilles volantes, — vous si belle et si bonne, — et pour laquelle j'ai fait tant de vers!

Je vous en remercie ; — vous savez d'ailleurs que, dans *cette physiologie de la femme honnête*, — je vous ai eu constamment sous les yeux, —

épiant vos moindres gestes qui révèlent tant de graces, vos moindres sourires, vos plus insignifiants regards.

Maintenant, — si je n'ai pas commencé ce livre par ces quelques mots-ci, — c'est qu'il me répugnait de mettre même la première lettre de votre doux nom en regard d'un public si avide et si indifférent. —

Vous le voyez cependant, mon amitié a été plus forte que mon désir, — et il a fallu que j'inscrivisse une partie de ce cher nom à la fin de ces lignes. —

Ceci s'explique parfaitement. —

Le marin, avant de mourir, ne lève-t-il pas les yeux au ciel ? — notre dernier cri d'agonie ne renferme-t-il pas quelque souvenir moins amer que la réalité ? De même la lampe prête à s'éteindre jette des feux plus brillants et plus vifs.—Le dernier soupir de tout ce qui existe est un effort!

On meurt en cherchant son idéal. —

Plus heureux, moi, je l'ai trouvé en vous, — et voilà pourquoi j'ai cru devoir faire ce XVIIe chapitre; — je suis toutefois dans mon sujet, puisque je parle de vous.

Un jour n'est pas éloigné où je pourrai, — Madame, — vous dédier réellement une œuvre plus complète et plus réfléchie.

En attendant, je suis heureux d'avoir, par la pensée, mis mon nom près du vôtre.

Qu'il en soit toujours ainsi !

FIN.

EN VENTE :

Physiologie du vieux garçon, par Charles Marchal.
Physiologie de l'Anglais à Paris, par le même.
Physiologie du cocu, par un célibataire.

Sous presse :

Physiologie du chicard, par Charles Marchal.
— De l'usurier, par le même.
— De la fille sans nom, par le même.
— Du Parisien en province, par un commis voyageur.
— De la modiste, par un journaliste.
— Du Carabin et de la Carabine, par le même.
— De l'épicier, par un autre.
— Du soleil, par Léon de Saint-François.
— Du Château des Tuileries, par un diplomate.

Le Vieux Cordelier,

SUIVI DE

LA FRANCE LIBRE

Par Camille DESMOULINS,

Député à la convention et doyen des Jacobins.

PRIX : 1 FRANC.

IMPRIMERIES DE PECQUEREAU ET COMP., 88, rue de la Harpe.

www.ingramcontent.com/pod-product-compliance
Lightning Source LLC
Chambersburg PA
CBHW052218270326

41931CB00011B/2405